Lo que ve un científico

Dona Herweck Rice

Asesora

Jill Tobin
Semifinalista
Maestro del año de California
Burbank Unified School District

Créditos de publicación

Rachelle Cracchiolo, M.S.Ed., *Editora comercial*
Conni Medina, M.A.Ed., *Gerente editorial*
Diana Kenney, M.A.Ed., NBCT, *Editora principal*
Dona Herweck Rice, *Realizadora de la serie*
Robin Erickson, *Diseñadora de multimedia*
Timothy Bradley, *Ilustrador*

Créditos de las imágenes: Portada, pág.1 4FR/iStock; pág.19 Dirk Wiersma / Science Source; pág.10 Francois Gohier / Science Source; págs.2, 4, 6, 7, 9, 11, 12, 13, 14, 17, 18, 19, 20, 21, 25, 26, 30, 31, 32 iStock; págs.28, 29 Janelle Bell-Martin; pág.17 John Valley, University of Wisconsin- Madison; pág.13 Joyce Photographics / Science Source; pág.23 Martin Shields / Science Source; pág.11 NOAA Ocean Explorer, USGS; pág.17 Spencer Sutton / Science Source; las demás imágenes cortesía de Shutterstock.

Teacher Created Materials
5301 Oceanus Drive
Huntington Beach, CA 92649-1030
http://www.tcmpub.com
ISBN 978-1-4258-4707-4
© 2018 Teacher Created Materials, Inc.

Contenido

Un asunto complejo	4
El método científico	8
¡Obsérvalo!	12
¡Cuéntalo!	22
Muestra y cuenta	26
Piensa como una científica	28
Glosario	30
Índice	31
¡Tu turno!	32

Un asunto complejo

Apenas termines de leer esta oración, cierra el libro durante un minuto e intenta recordar todo lo que puedas sobre la imagen que se encuentra a la derecha.

¿Cómo te fue? ¿Cuánto recordaste? Si recordaste mucho, ¡felicitaciones! Tienes un talento para observar los detalles.

Ahora, mira bien la imagen. Obsérvala cuidadosamente. ¿Qué objetos hay en la imagen? Descríbelos. ¿De qué colores son los objetos y qué forma tienen? ¿Qué tan altos son y qué tan cerca están unos de otros? ¿Qué están haciendo las personas? ¿Se prestan atención entre sí las personas? ¿Cómo parece que se sienten? ¿Están felices, tristes, enojadas o sorprendidas? ¿Ves algo chistoso?

Bien, ahora va la pregunta más importante de todas. ¿A quién en el mundo le importan todos estos detalles?

A un científico, sí le importan.

¡Un científico observa TODO! ¿Por qué? Porque un científico sabe que todos los detalles son importantes.

Supongamos que un científico trabaja con dos **sustancias químicas**. Cuando se mezclan en partes **iguales**, una nube de humo de color azul índigo claro sale hacia el aire. Esto ocurre todas las veces. Pero un día, el científico mezcla dos partes iguales de las sustancias químicas, y esta vez, el azul es cerúleo. "Eso es raro", piensa el científico. Vuelve a verificar sus anotaciones. "Sí, el humo azul es SIEMPRE índigo claro", confirma. "Entonces, ¿por qué es cerúleo esta vez?". Algo debe ser diferente. Hay un detalle, incluso uno pequeño, que marcó la diferencia. Un buen científico necesita saber por qué, y nuestro científico es bueno.

¡Inténtalo!

¿Cuántos tonos de azul puedes formar mezclando pintura? Averígualo al mezclar pintura azul con diferentes cantidades de negro, blanco o toques de amarillo o rojo. Lleva un registro de las mezclas que creas.

A través de una minuciosa **observación**, el científico descubre algo importante. ¡Dejó caer un pedazo de sándwich de atún en las sustancias químicas! Bueno, por eso las cosas salieron diferentes. La próxima vez, ¡nada de comer en el laboratorio!

El método científico

Antes de continuar, es importante que comprendas algo. Debes conocer el proceso que todo buen científico utiliza cuando **realiza** experimentos. Los científicos siguen el **método científico**. Este proceso fue desarrollado por científicos como una ayuda para llevar a cabo el trabajo que deben hacer. Todos los científicos usan este método en sus investigaciones. ¡Sin este, no valdría la pena hacer el trabajo! El trabajo sería simplemente aleatorio. Y *aleatorio* no es algo que esté permitido en la buena ciencia.

En caso de que no conozcas el método científico, aquí lo explicamos. Y si ya conoces el método, léelo de todas maneras. ¡Será bueno que hagas un curso de actualización!

El método científico básico puede detallarse en seis pasos sencillos: observación e **investigación**, **hipótesis**, **predicción**, experimentación, análisis e informe.

Para comenzar cualquier buen trabajo, una científica se informa sobre qué hay que saber sobre un tema. Aprende mediante la investigación del trabajo de otros científicos y la observación. A partir de esto, forma una hipótesis. Es algo que una científica supone a partir de la información conocida. Es como una suposición, pero es una suposición con mucha información sólida detrás de ella. Quizás se trate de "atún agregado a las sustancias químicas A y B crea humo azul cerúleo".

Observa, piensa, pregunta

Los científicos están siempre atentos porque nunca saben cuándo pueden encontrar un nuevo misterio científico o encontrarse con una nueva pregunta para investigar. Estas son solo algunas de las preguntas que los científicos formularon.

- ¿Por qué los perros tienen narices húmedas?
- ¿Qué alimentos son seguros?
- ¿Qué causa los calambres musculares?
- ¿Qué relación tienen las ratas con los mapaches?

¿¡Cuántos te comiste!?

Registra los pasos y anota los resultados.

Repite los pasos exactos y anota los resultados.

Entonces, ¿cómo sabe una científica si la hipótesis es **válida**? Tiene que probarla. Y para hacerlo, necesita hacer una buena predicción. La científica predice algo sobre la hipótesis. Luego, prueba la predicción. Por ejemplo, "predigo que las dos sustancias químicas mezcladas en partes iguales sin atún crearán humo azul índigo claro".

Aquí es cuando las cosas se ponen divertidas. ¡Es hora de experimentar! Una científica usa los experimentos para determinar si una hipótesis es verdadera o falsa. Los experimentos son pruebas. Una científica repite una prueba muchas veces para asegurarse de que los resultados sean iguales. Es la única forma en la que una hipótesis puede probarse.

¡Qué lástima!

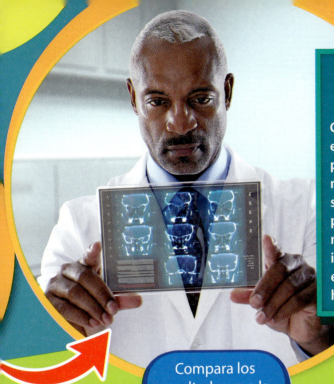

Reproducción de los resultados

Cuando se diseña un experimento, es importante idear una prueba que pueda hacerse una y otra vez. Toma notas minuciosas sobre qué pasos seguiste para que otra persona pueda seguir exactamente los mismos pasos y ver si el resultado es igual de una manera precisa. Esta es la mejor forma de probar una hipótesis.

Compara los resultados con la hipótesis.

Cuando los experimentos se han completado, la científica **analiza** los resultados. Determina si la hipótesis está probada o no. Entonces acepta o rechaza la hipótesis.

Finalmente, la científica puede contarle al mundo sobre su trabajo. Está lista para informar sobre los hallazgos. De esta forma, otros científicos pueden verificar su trabajo y hacer su propio trabajo basado en el suyo.

¡Hurra!

Hazlo sencillo

Algunas preguntas pueden ser tan complicadas que resulta difícil saber cuándo estás viendo la respuesta. Los científicos hacen los experimentos de la manera más sencilla posible e intentan separar los detalles para que no haya dudas sobre cuál es la respuesta.

¡Obsérvalo!

Todos los días, observas. Si miras a alguien practicar un deporte, eso es observación. Si miras a un perro atrapar una pelota, eso es observación. Si miras el césped crecer o secarse, estás observando. Si miras a tu papá hornear un pastel o a tu mamá lavar los platos, también los estás observando. (Por supuesto, no solo deberías mirar a tu mamá o a tu papá hacer las tareas domésticas. ¡Pregúntales si necesitan ayuda! Los buenos científicos también son muy corteses).

Para observar las cosas de la forma en que lo hace un científico, no solo debes mirar sino también debes comer una porción de pizza. ¡Es una broma! Quería verificar si estabas prestando atención. Un buen científico no solo mira sino que también PRESTA ATENCIÓN. ¿Entiendes? Observar como un científico es mirar y prestar atención.

medición de micropartículas

medición de los niveles de contaminación del agua

Datos en los detalles

Cualquier **dato** que se encuentre como resultado de un experimento también se denomina una *observación*. Los datos son los hechos y la información que los científicos usan para calcular los resultados y analizar la hipótesis.

Un científico realmente nota cosas. Por supuesto, haces esto con los ojos. Ves cosas y piensas en lo que ves. También observas como un científico cuando usas la nariz y los oídos. Sientes los olores y escuchas los sonidos. También hueles y escuchas los cambios. Y, si es seguro hacerlo, puedes usar las manos y la lengua para observar. Tocas cosas y saboreas cosas. Piensas en cómo se sienten y en cómo saben las cosas. Los sentidos pueden darte mucha información. Pueden incluso decirte toda la verdad si realmente prestas atención.

"¡Eh, acabo de ver un peludo destello anaranjado pasar como un rayo a mi lado!".

"Bien, ¡ahora escuché un choque, una salpicadura y sentí el distintivo olor de la frescura del limón!".

"¡Oh, siento una extraña humedad filtrándose por mis calcetines!".

"Oh no. El Sr. Gatito volteó el balde de limpieza. ¡Gatito malo!".

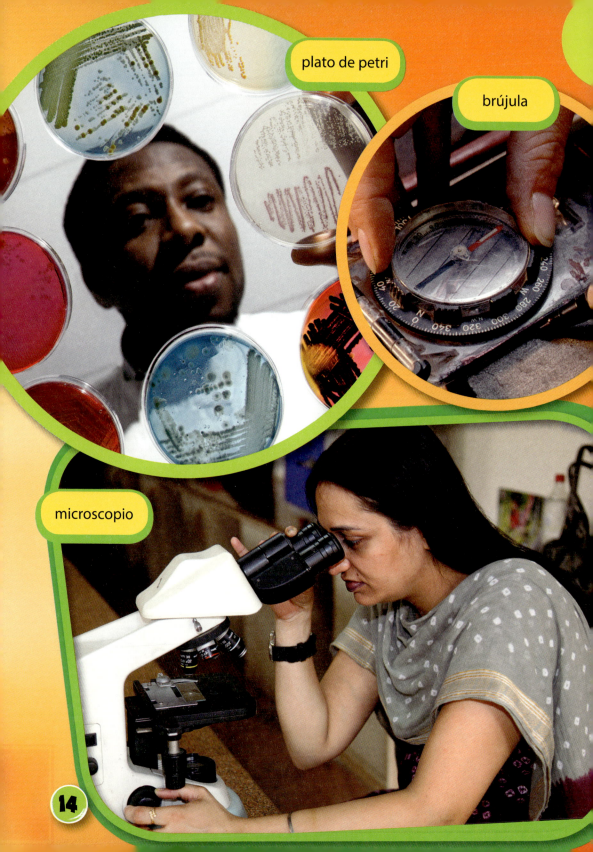

¡Las formas en las que puedes observar solo con los sentidos son casi infinitas! Pero los sentidos solos no son la única forma de observar *científicamente*. Hay mucho en el mundo que no puede observarse solo con los sentidos. ¿Pueden los ojos ver las ondas de luz? ¿Puedes escuchar una pulga caminando sobre un perro? ¿Puedes sentir la diferencia entre tu ADN y el de un geranio? ¡No!

Los científicos son un grupo de personas bastante inteligentes. Han desarrollado herramientas que los ayudan a hacer su trabajo. Las herramientas potencian, o mejoran, lo que los sentidos pueden hacer. Pueden hacer que las cosas se vean más grandes o más brillantes para que sea más fácil verlas. ¡También pueden hacer lo que los sentidos no pueden! Por ejemplo, no podemos simplemente sentir algo para conocer su peso. ¡Bueno, quizás podamos hacer un cálculo bastante bueno! Pero realmente necesitamos una escala que nos dé la medida exacta.

Las herramientas de los científicos no necesariamente deben ser sofisticadas, aunque algunas lo son. Algunas de las mejores herramientas son realmente las más simples.

telescopio

Herramientas de trabajo

Algunas de las herramientas más comunes que usan los científicos incluyen microscopios, telescopios, termómetros, reglas, balanzas, cámaras, relojes, barómetros, binoculares y cintas para medir. ¿Qué otras herramientas se te ocurren?

Patrones

¿Qué busca exactamente una científica cuando hace observaciones? Podría ser cualquier cosa. Por lo tanto, cuando una científica observa, generalmente tiene algo en mente para enfocar su trabajo. Por ejemplo, si quiere conocer sobre los efectos de la luz de luna sobre los girasoles, va a observar (lo adivinaste), la luz de luna en los girasoles. Parece bastante sencillo, ¿no?

Una científica notará todo y tomará notas de esto. Parte de "notar" incluye buscar patrones en lo que observa. Los patrones son frecuencias que se repiten. Pueden revelar algo importante. La luna sigue un patrón de fases. Los girasoles pueden tener un patrón de flósculos en el centro.

flósculos de girasol

Huellas dactilares

¿Sabías que los seres humanos no son los únicos que tienen huellas dactilares? Los primates y los koalas también tienen huellas dactilares. Las huellas dactilares son un patrón de círculos en la yema de los dedos. Las huellas dactilares de cada persona son únicas. ¡Los koalas tienen huellas dactilares que se parecen tanto a las de los seres humanos que se podrían engañar a un investigador criminal!

47A589 DEPARTAMENTO DE POLICÍA
FICHA POLICIAL
E 6'3"   P 163   FDN 07.12.1989

Buscar patrones también significa observar cuando algo se parece demasiado a otra cosa que no está relacionada a ella. "¿Dónde he visto eso antes?", puede preguntar la científica.

Observa las fotografías de esta página del búho y de la mariposa búho. El patrón de diseño de la mariposa se parece mucho a los ojos del búho. Sorprendente, ¿no? ¿Cómo sucedió eso y por qué crees que es así? Una científica usaría este patrón de observación para indagar más y averiguarlo.

mariposa búho

búho cornudo

anémona marina

anémona violeta

Comparaciones

Analizar patrones puede llevar a hacer **comparaciones**. Por ejemplo, las flores llamadas *anémonas violetas* se parecen a los animales llamados *anémonas marinas*. Simplemente observa las imágenes, y puedes hacer muchas comparaciones. "¡El tamaño! ¡La forma! ¡La agrupación!". Pero una buena científica estudiará las cosas reales minuciosamente para comparar todo. Incluso comparará en qué difieren. "¿Planta o animal? ¿Aire o agua?". Luego, la científica trabajará para determinar POR QUÉ son similares y qué significa eso. Los científicos son muy minuciosos a la hora de preguntar por qué. ¡Son un grupo de personas curiosas! De hecho, la curiosidad de los científicos es un patrón determinado. Simplemente compáralos, y lo averiguarás por ti mismo.

Los científicos también usan la comparación para estudiar y analizar datos. Los datos pueden ayudar a probar o rechazar una hipótesis. Los datos ayudan a los científicos a responder preguntas.

Recopilación de datos

Las observaciones son interesantes, claro. Pero además de eso, ¿cuál es la gran noticia? Las observaciones son en realidad MUY importantes. Los datos provienen de las observaciones y los datos son el pan de cada día de un científico. Sin datos, un científico es solo un muchacho o una muchacha en una silla mirando el mundo pasar.

Los datos son la información que un científico recopila a partir de las observaciones. Las observaciones originan los datos. Los datos se recopilan a partir de actividades de los sentidos. Se toman de las herramientas y las lecturas. También se recopilan como resultado de los experimentos.

Un científico mantiene buenos registros de todos estos datos. Cuando se recopilan, el científico los analiza y los estudia. Analiza lo que significa. Los interpreta para ver cómo respalda o refuta la hipótesis. O quizás los datos le dan al científico una idea completamente nueva. ¡Quizás es momento de volver a empezar a experimentar!

Una científica mide cuidadosamente un líquido.

¡Organízate!

Asegúrate de mantener los datos en un lugar, ya sea en tu cuaderno o en una computadora. ¡No puedes analizar los datos si se encuentran en notas adhesivas en la caja de arena de tu gato!

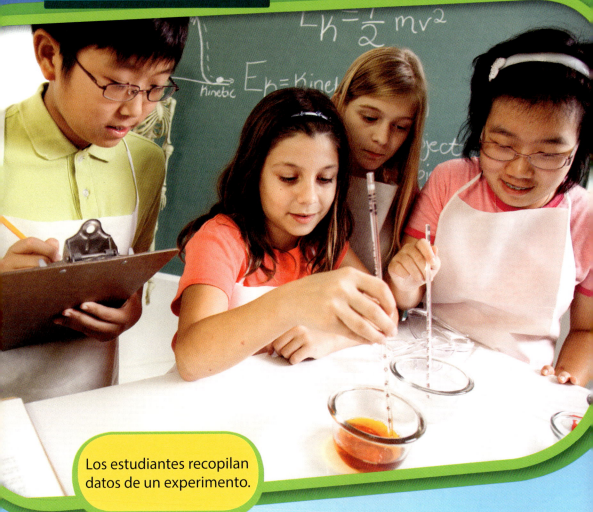

Los estudiantes recopilan datos de un experimento.

¡Cuéntalo!

Entonces, ya que has observado, realizado una hipótesis, una predicción y una prueba, ¿ahora qué haces, científico? Debes contar a otros lo que has aprendido, lo que has hecho y qué apoya la evidencia. Puedes, por supuesto, guardártelo para ti. ¿Pero dónde está la diversión en eso? Un científico quiere saber... y un *buen* científico sabe que todos se benefician cuando la información se comparte.

Es así: la comprensión de la ciencia se basa en ella misma. Lo que un científico aprende se convierte en la base de las investigaciones de otro científico. Y esas investigaciones respaldan a otros científicos. El trabajo crece y crece. Más se aprende, se valida o incluso se debate. Siempre hay más para descubrir y develar. ¡Siempre hay más para saber!

Científicas toman mediciones de un horno solar.

Los científicos han trabajado como un equipo a lo largo de la historia. El trabajo de los científicos desde los primeros tiempos registrados se lleva adelante incluso en la actualidad. El trabajo de hoy se llevará adelante en el futuro. Los científicos vienen y van. Lo que aprenden es lo que perdura.

Aprendizaje a largo plazo

Comprender *por qué* algo sucede puede tomar tiempo. ¡Algunos experimentos toman cientos de años en completarse! Un *estudio longitudinal* es uno que se realiza durante períodos prolongados. Los investigadores observan las mismas **variables** muchas veces, en busca de lo que permanece igual y lo que cambia.

Se resume en esto: un científico debe ser capaz de comunicar sus hallazgos a otros. La información debe ser clara, exacta y estar organizada. También debe poder comprenderse con facilidad.

Toma, por ejemplo, la primera ley del movimiento de Newton, que es una verdad científica básica. Afirma que "un cuerpo en reposo permanece en reposo y un objeto en movimiento permanece en movimiento con la misma velocidad y en la misma dirección a menos que se vea obligado a cambiar su estado por fuerzas ejercidas sobre él". ¡Es un trabalenguas! ¿Pero qué significa? No es difícil de comprender, pero puede ser difícil de explicar. Lo que significa, en palabras simples, es que un objeto sigue haciendo exactamente lo que está haciendo a menos que aparezca algo que lo cambie.

Pongámoslo en práctica. Supón que andas en patineta. Vas a todo vapor. De repente, hay una roca en el camino y no la ves. ¡Bam! La roca detiene la patineta en seco. Pero sigues patinando hacia delante… hasta que la gravedad te obligue a detenerte y una acera poco amigable te abofetee. (Consejo de seguridad: ¡siempre usa un casco y almohadillas, amigo!).

Un científico puede usar la historia de la patineta para ayudar a explicar la primera ley de Newton. Lo comprendes ahora, ¿no? ¡Una buena historia siempre ayuda a aclarar las cosas!

Mantenlo simple

La navaja de Occam es una idea que dice que la hipótesis más simple es generalmente la mejor hipótesis. A veces, una pregunta requiere una respuesta complicada, pero cuando no tienes mucho tiempo o mucha información, tiene sentido confiar primero en la respuesta más simple.

Un científico presenta sus ideas a sus estudiantes.

La ciencia habla

Históricamente, los científicos han usado un lenguaje científico que una persona promedio no puede comprender. En la actualidad, existen clases para enseñar a los científicos cómo comunicarse con todos. ¡Algunos científicos están incluso aprendiendo improvisación de comedia para atraer a las masas!

Este niño infla un globo para un experimento.

Muestra y cuenta

¿Recuerdas Muestra y cuenta? Traes algo realmente interesante para compartir con la clase. El objeto puede ser algo que realmente te guste, que hayas estudiado y sobre el que sepas mucho. ¿Te suena? ¡La observación de la ciencia se parece mucho a esta situación! Observas algo interesante en todas las formas que puedas. Luego, les cuentas a otros sobre eso. ¡Se trata de una explicación simple, pero abarca la idea general!

Los estudiantes experimentan con un robot.

La ciencia realmente se trata de dejar que la curiosidad se apodere de ti y de que puedas aprender todo lo posible sobre algo que realmente te resulte interesante. ¿Cómo funciona? ¿Qué hace? ¿Qué sucede si...? ¡Estas son todas excelentes preguntas!

Por lo tanto, es momento de tomar tu lupa y prepararte para observar el mundo a tu alrededor. ¡Simplemente ten cuidado dónde pones el sándwich de atún!

Piensa como una científica

¿Cómo puede una lupa ayudarte a observar el mundo? ¡Experimenta y averíqualo!

Qué conseguir

- agua
- banda elástica
- contenedor transparente, de plástico delgado
- cortador
- envoltorio de plástico
- objetos pequeños
- tira de cartón resistente de 5 cm × 15 cm (2 in × 6 in)

Qué hacer

1 Corta un orificio rectangular cerca de la parte inferior del lateral del contenedor de plástico. El orificio rectangular debería tener aproximadamente 7 cm (3 in) de ancho y 5 cm (2 in) de alto. (¡Un adulto debería hacer esto!).

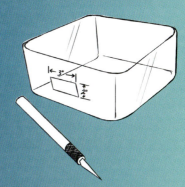

2 Coloca el envoltorio plástico sobre la parte superior del contenedor, dejando el orificio recién cortado libre y despejado. Empuja el envoltorio en el centro del contenedor un poquito para formar una pequeña depresión.

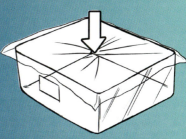

3 Sujeta el envoltorio plástico con una banda elástica. Vierte un poco de agua en el envoltorio plástico.

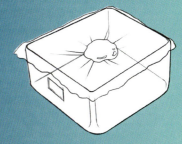

4 Coloca un objeto que quieras ampliar en el borde corto del cartón. Deslízalo a través del orificio en el contenedor debajo del agua. ¿Qué puedes observar? ¿Cómo puede ser esta una herramienta útil?

Glosario

analiza: estudia algo para aprender sobre sus partes, lo que hace y cómo se relaciona con otras cosas

comparaciones: actos de analizar cosas para ver en qué se asemejan o se diferencian

datos: información que se usa para calcular, analizar o planificar algo

hipótesis: una idea que no está comprobada y necesita estudiarse más a fondo

iguales: los mismos

investigación: una recopilación de información sobre algo

método científico: pasos que usan los científicos para evaluar ideas mediante experimentos y observación

observación: el acto de ver y escuchar cuidadosamente

predicción: una suposición informada basada en la información que conoces

realiza: hace

sustancias químicas: sustancias que se generan cuando los átomos o las moléculas cambian

válida: verdadera y comprobada

variables: cosas que cambian o que pueden cambiarse

Índice

análisis, 8–9

anémonas, 18

búho, 17

comparaciones, 18–19

constantes, 19

datos, 12, 18, 20–21

detalles, 4–6, 11–12, 32

experimentos, 8, 10–12, 19–21, 23, 26

herramientas, 15, 20, 29

hipótesis, 8–12, 18, 20, 22, 24

investigación, 8–9, 22

mariposa búho, 17

observación, 7–9, 12, 16–17, 20, 26

patrones, 16–18

predicción, 8–10, 22

¡Tu turno!

Mira con atención

Con la ayuda de un adulto, enciende una vela y observa lo que sucede. ¿Qué puedes observar sobre la llama? ¿Sobre la vela? ¿Sobre el aire a su alrededor? Escribe todos los detalles que observas.